AF369991

JEAN MILLOT

Son Œuvre dans la Navigation Intérieure

Extrait de « LA NAVIGATION DU RHIN »

15 Décembre 1926

STRASBOURG

IMPRIMERIE ALSACIENNE

1926

JEAN MILLOT

JEAN MILLOT

M. Jean Millot, Ingénieur en Chef des Ponts et Chaussées, Directeur de l'Office National de la Navigation, Délégué-adjoint de France à la Commission Internationale du Danube, Officier de la Légion d'Honneur, est mort, le 6 novembre 1926, noyé accidentellement dans le Danube, à Bratislava (Tchécoslovaquie), au cours d'une inspection du remorqueur « France » de la *Société de Navigation Danubienne*, dont il était le vice-président.

Né le 30 janvier 1879, M. Jean Millot entra, au sortir du lycée de Lille, à l'Ecole Polytechnique en 1898 ; il en sortit en 1900 et fut nommé, en 1904, Ingénieur des Ponts et Chaussées à Lons-le-Saulnier, arrondissement sud du Jura. En 1912, il était nommé à l'arrondissement sud de l'Isère, à Grenoble.

En janvier 1914, il entrait au cabinet de M. Fernand David, Ministre des Travaux Publics, et demeurait ensuite le collaborateur de son successeur, M. René Renoult, jusqu'à la mobilisation.

Après avoir rendu les plus brillants services en campagne, services qui lui valurent la Croix de Guerre, M. Millot passa, au début de 1918, au Service de l'Exploitation militaire des voies navigables. Le rôle de cet organisme, chargé des transports par eau des armées, devint, à la fin de la guerre, considérable, par suite de l'augmentation démesurée des besoins de transports auxquels l'usure des routes et des chemins de fer ne permettait plus de faire face. M. Jean Millot eut la première occasion de mettre pleinement en lumière ses profondes qualités d'organisateur et de technicien. Ce service redevint, après l'armistice, l'Office National de la Navigation dont

M. Jean Millot, Ingénieur en Chef des Ponts et Chaussées depuis le 1er avril 1919, fut nommé Directeur à la même époque. A la tête de celui-ci, il présida avec un succès complet à la restauration de la batellerie française, durement éprouvée par l'invasion et les services accomplis au cours de la guerre.

A noter que s'il fut un habile artisan de la reconstruction matérielle de la batellerie française, il prit grand soin, avec une élévation de sentiments et une clairvoyance remarquables, de pourvoir aux besoins intellectuels du personnel de la batellerie. Il apporta, en effet, son concours constant aux œuvres de l'enfance batelière, notamment à la création de l'Ecole de Conflans destinée à faciliter l'instruction des enfants des bateliers, malgré les difficultés qu'entraîne la vie nomade de leurs parents. Sur le Rhin, il fut également un des soutiens de la première heure de l'Ecole spéciale des bateliers du Rhin, de Strasbourg, qui dispense l'instruction technique nécessaire aux bateliers de la flotte rhénane française.

Dans ce travail de restauration de la batellerie française, M. Jean Millot fut appelé à collaborer à l'exécution des clauses du Traité de paix de Versailles relatives à la flotte fluviale française et aux intérêts français et internationaux sur les voies d'eau européennes. Sous sa direction, l'Office National de la Navigation remplit avec un plein succès son rôle de guide et de soutien de la navigation française renaissante sur le Rhin et en Europe. Il créa la *Compagnie Générale pour la Navigation du Rhin* et la *Société française de remorquage sur le Rhin*, dont il était le vice-président et organisa l'exploitation actuelle des chalands rhénans livrés par l'Allemagne. De même sur le Danube, il fonda la *Société française de Navigation Danubienne* qui exploite l'un des plus importants parcs de remorqueurs du fleuve et fait flotter le pavillon national dans toutes les nouvelles nations de l'Europe centrale.

En 1925, il fut nommé Délégué-adjoint de France à la Commission Internationale du Danube; entre autres travaux, il fut, dans cet organisme, un des principaux artisans du règlement de police du Danube édicté en 1926. Il avait été désigné comme expert français au Comité de Droit Privé chargé d'unifier, en Europe, les systèmes d'immatriculation, de jaugeage, d'hypothèques et de privilège des bateaux de rivière. Il faisait également partie du Comité de statistique de la Commission Centrale du Rhin. Il prenait part régulièrement aux Congrès Internationaux de la Navigation. Il n'y avait, en résumé, aucune branche d'activité concernant la navigation fluviale où il ne fut fait appel à ses qualités et à sa compétence par l'Etat français dont il fut un serviteur passionnément dévoué et désintéressé.

M. Jean Millot était Officier de la Légion d'Honneur, Officier de l'Ordre de Léopold, décoré de la Croix de Guerre, Chevalier du Mérite agricole et titulaire de plusieurs distinctions honorifiques étrangères.

SON ŒUVRE

DANS LA

NAVIGATION INTÉRIEURE

Servir son pays de toute son âme et de toute son intelligence, le servir dans la paix comme il l'avait servi dans la guerre, le servir au poste qui lui avait été confié en développant l'outillage économique de la France sur les voies d'eau intérieures comme sur les fleuves internationaux, le servir encore en faisant rayonner à l'étranger le Génie français, tel était l'idéal que s'était donné M. Jean Millot. Et bien que sa carrière ait été trop brève, bien qu'une fin prématurée en ait marqué le terme avant qu'il ait réalisé tout ce qu'il avait conçu, l'hommage rendu à sa mémoire sur les bords du Danube par l'Amiral de Dietrich-Sachsenfels, délégué de Hongrie, président de la Commission Internationale du Danube, atteste qu'il avait déjà atteint cet idéal.

« Avec M. Millot, la France perd un représentant de haute valeur, un de ces hommes qui, par la droiture de leur caractère, la profondeur de leurs connaissances, la bonté de leur cœur, imposent partout l'admiration et le respect pour le pays qu'ils représentent ».

En 1919, au moment où M. Millot succédait comme Directeur de l'Office National de la Navigation à son chef appelé au Parlement, la navigation française était meurtrie par quatre années de guerre, affaiblie par d'importantes pertes de matériel, arrêtée dans le développement de son outillage par l'interruption des études et travaux entrepris avant 1914, et cependant elle devait satisfaire aux immenses besoins du pays dévasté, aux besoins nouveaux nés de la réintégration de l'Alsace-Lorraine, aux aspirations nouvelles que rendait légitime l'ouverture définitive des fleuves internationaux au trafic de tous les pavillons.

L'Office National de la Navigation avait encore une organisation de guerre: il disposait d'un important matériel fluvial qu'il exploitait directement. C'était en majeure partie des bateaux construits pendant la guerre à une époque où l'immense tonnage à transporter pour l'armement et la subsistance de nos soldats avait nécessité la construction hâtive par l'Etat de chalands et remorqueurs destinés à suppléer tant à la perte d'une grande partie de la batellerie dont une fraction considérable était restée dans les lignes ennemies, qu'à l'amoindrissement d'un parc fluvial entamé par l'usure consécutive au travail intensif des dernières années de guerre. C'était donc un organisme d'exploitation directe, préparé avant la guerre, et définitivement orienté pendant la guerre vers la régie directe d'Etat. Il contribua puissamment après la guerre à satisfaire les demandes de transport présentées en si grande abondance par le commerce et l'industrie placés devant l'impérieuse nécessité de reconstituer leurs stocks. Mais lorsque ces demandes s'atténuèrent, M. Millot conçut immédiatement une évolution de l'établissement qu'il dirigeait, vers une coopération de l'Etat et des particuliers, substituée aux exploitations directes de l'Etat. Sa grande connaissance de l'exploitation des voies navigables le mettait parfaitement à même d'élaborer les règles de cette collaboration et de déterminer les conditions auxquelles devait être subordonnée la renonciation de l'Office, au nom de l'Etat, à certaines exploitations directes, en faveur d'une communauté d'intérêt dont il concevait la nature féconde, mais dans laquelle il ne voulait pas laisser s'évanouir la vocation de l'Office. Sa compétence toute spéciale en transports fluviaux lui permettait d'envisager sans crainte le maintien ou le développement des exploitations en régie, à défaut d'acceptation par les intéressés des formules dont il lui paraissait impossible de s'écarter sans nuire aux intérêts dont l'Etat doit assurer la sauvegarde. Le Conseil d'Administration de l'Office ayant approuvé ses projets, il les présenta aux intéressés et ses conceptions toujours simples et droites étaient traduites par lui dans un langage si clair et présentées avec tant d'opportunité que tous se ralliaient peu à peu à ses idées, trouvant dans le merveilleux dévouement au bien public qui animait M. Millot l'exemple qui inclinait chacun vers un effacement de ses propres intérêts au profit de l'intérêt général. C'est ainsi qu'à la veille de sa mort, M. Millot avait obtenu la création d'une *Société d'Economie Mixte,* destinée à réaliser par une étroite collaboration de l'Office National de la Navigation et des usagers des voies navigables. un équipement moderne des canaux français et une exploitation de halage mécanique qui assurera à la fois la plus large satisfaction des besoins des expéditeurs et réceptionnaires des marchandises. le développement des armements fluviaux qui forment les cadres nécessaires à notre navigation. et l'existence des petits bateliers, ces modestes artisans de la prospérité de nos voies navigables, vers lesquels sa sollicitude s'est toujours portée. et qui tous ont ressenti une douloureuse stupeur devant un trépas si brutal.

Mais c'est l'œuvre de **M.** Millot sur le Rhin et sur le Danube qui. plus encore que toute autre partie de son œuvre. marquera une orientation nouvelle dans les rapports entre les organismes d'Etat et les particuliers.

Il y a des entreprises indispensables à la vie économique du pays dont le succès peut être compromis par des facteurs tellement étrangers aux hommes qui les dirigent qu'elles ne peuvent être créées avec une marge de sécurité suffisante pour tenter l'initiative privée. **M.** Millot comprit dès l'année 1919 que la navigation française du Rhin devait à son origine être tenue pour telle. Il **fut** cependant convaincu que. sous peine de perdre l'un des plus merveilleux fruits de la victoire. la France reconstituée, restaurée dans sa qualité de puisance rhénane par la réintégration de territoires qui comprenaient le Port de Strasbourg. devait prendre part à l'exploitation commerciale du fleuve et se soustraire à la dépendance des pavillons étrangers. Trop averti pourtant des questions fluviales pour tenter sur un fleuve international l'application des formules usitées dans le pays, il conçut et mit au point une méthode de collaboration entre l'Office National de la Navigation et l'activité privée, qui éloignait de celle-ci les risques anormaux, tout en réservant à l'Office l'influence nécessaire à la sauvegarde des intérêts généraux du pays et la part des profits qui devait lui revenir si l'entreprise était prospère.

Il n'attendit pas que l'imminence du besoin obligeât à bâtir des solutions hâtives; il aborda la question de la navigation rhénane dès 1919 et mit en œuvre toute la souplesse administrative de l'Office National de la Navigation pour réaliser au plus tôt une navigation française sur le

Rhin. C'est ainsi qu'il proposa au Conseil de l'Office d'envoyer sur le Rhin des remorqueurs de la Seine aptes à naviguer entre le Bassin de la Ruhr et Rotterdam. Il sut trouver dans l'industrie, dans l'armement fluvial comme dans l'armement maritime et parmi les Strasbourgeois, les concours nécessaires à la constitution de la *Société Française de Remorquage sur le Rhin* qui, la première, fit flotter le pavillon français sur un fleuve d'où il avait disparu depuis cinquante ans.

Certes, l'entreprise apparut à beaucoup comme hasardeuse et lointaine. Ses difficultés étaient immenses. D'aucuns jugeaient préférable d'attendre que l'exécution des stipulations du Traité de Versailles ait doté la France d'un matériel proprement rhénan. Mais M. Millot ne céda pas à ces appréhensions. Il sut convaincre les plus hésitants. Il traça de façon si avisée un plan de collaboration entre l'Office et les intérêts privés, que l'entreprise naquit, se développa et, malgré les cessions de matériel auxquelles l'Allemagne procéda en 1921, fit encore appel par la suite au parc des remorqueurs de la Seine pour y chercher de nouvelles unités que le développement de son trafic rendait indispensables. C'est dans l'organisation de cette entreprise, dans la mesure si parfaite avec laquelle il usa des droits de la puissance publique pour sauvegarder les intérêts de la collectivité, sans jamais contrarier l'action commerciale de la Société, c'est au Conseil d'Administration de cette Société, où ses avis éclairés étaient toujours recherchés, où les intérêts divergents s'harmonisaient par la simplicité et la droiture avec laquelle il apportait les formules d'entente, c'est là qu'il inspira l'entière confiance et qu'il fit naître la profonde affection qui, l'une et l'autre, portèrent leurs fruits dans l'organisation de la navigation française sur le Rhin.

Quelques mois plus tard, il proposait et obtenait la création d'une section rhénane à l'Office National de la Navigation et préparait la réception et la répartition du matériel fluvial allemand. Peu à peu l'expérience du fonctionnement de la *Société Française de Remorquage sur le Rhin* montrait ce que la navigation sur les eaux étrangères pouvait trouver de garanties dans le concours de l'Etat représenté par un homme ayant une si haute conception des droits et des devoirs de tous ceux qui détiennent une part de la puissance publique. Elle faisait disparaître chez les plus indépendants la crainte d'une collaboration avec les pouvoirs publics et leur faisait au contraire souhaiter une communauté d'action qui s'était manifestée de si excellente manière. C'est ainsi que d'un accord unanime s'établirent les conditions d'exploitation des chalands rhénans et que se créa, pour l'exploitation des remorqueurs rhénans, la *Compagnie Générale pour la Navigation du Rhin*, et l'on ne peut omettre de dire que bien peu auraient osé se consacrer aux entreprises nouvelles, s'ils n'avaient confondu dans leur esprit les droits que l'Etat se réservait sur ces entreprises et la façon dont en userait M. Millot, à qui incomberait essentiellement l'exercice de ces droits.

Ayant créé les organismes par lesquels s'exerçait sur le Rhin la collaboration constante de l'Office et des intérêts privés, il put, dans le temps si tragiquement écourté qu'il consacra à leur gestion, créer une tradition de travail en commun. Il possédait, en effet, au suprême degré cet esprit de désintéressement de l'Administration française, qui apparaissait d'autant mieux aux chefs des entreprises avec lesquels il collaborait, que son labeur et son intelligence assuraient, en même temps que le bien de l'Etat, la prospérité de ces entreprises. Fier de servir l'Etat, passionnément attaché au bien public, il dédaignait les avantages que l'industrie offre aux hommes de son mérite, et laissant aux autres les profits matériels, il n'avait pour soi-même d'autre ambition que d'assurer la sauvegarde des intérêts de l'Etat et la prospérité économique du pays. Et ces belles qualités d'âme, qui sont heureusement si fréquentes dans le personnel de l'Administration française, étaient entourées par lui de tant d'affabilité et de tant de charme personnel, qu'il rendit mieux que tout autre accessibles à l'esprit public la grandeur et l'utilité du rôle des bons serviteurs de l'Etat.

A peine avait-il fait donner un statut commercial à notre navigation rhénane qu'il était appelé à déterminer également le régime d'exploitation de la flotte française du Danube, et les bons procédés qu'il avait eus sur le Rhin lui permettaient de faire accepter immédiatement par tous une transposition des méthodes dont il venait de mettre si bien en lumière la valeur. Puis son expérience de praticien le fit désigner pour suivre dans les Commissions Internationales l'élaboration des règles de police destinées à assurer les plus grandes facilités à la navigation du Danube et l'institution d'un statut juridique des bateaux naviguant sur les eaux étrangères comme sur les fleuves conventionnels.

Pour dire ce que fut le rôle de M. Millot au sein de ces commissions, il n'est besoin que de transcrire l'admirable allocution prononcée à sa mémoire par le Président de la Commission Internationale du Danube; elle atteste la façon dont M. Jean Millot avait contribué au prestige moral de la France dans l'Europe centrale:

* * *

ALLOCUTION

prononcée par

L'AMIRAL DE DIETRICH-SACHSENFELS

Président

de la Commission Internationale du Danube.

« Messieurs, chers Collègues,

‹ Vous connaissez le grand malheur qui vient de frapper notre Commission: un de nos Collègues les plus aimés et les plus distingués, le technicien éminent, dont le Conseil était toujours écouté et souhaité, le camarade charmant de toutes nos réunions, M. Jean Millot, Délégué-Adjoint de France, a disparu.

« De la douleur profonde et sincère que tous les membres de la Commission ont éprouvée à la nouvelle de cette catastrophe inattendue, nous pouvons bien mesurer la désolation et le regret de ceux qui, par l'intimité du travail quotidien, étaient plus que nous en mesure de jouir à chaque instant des inappréciables qualités de cœur et d'esprit de notre regretté Collègue.

« Aux Membres de la Délégation de France, que ce deuil frappe particulièrement, j'exprime, au nom de la Commission tout entière, l'expression de notre douloureuse sympathie et de notre fraternelle solidarité dans la douleur commune.

« Avec M. Millot, non seulement la Délégation française, non seulement notre Commission, perdent un de leurs Membres les plus éclairés et les plus doués, mais, nous pouvons bien le dire, le corps des Ingénieurs des Ponts et Chaussées de France perd un homme d'élite, la France même un représentant de haute valeur, un de ces hommes qui, par la droiture de leur caractère, la profondeur de leurs connaissances, la bonté de leur cœur, imposent partout l'admiration et le respect pour le Pays qu'ils représentent.

« Il est pourtant quelqu'un pour qui cette perte est encore plus cruelle, quelqu'un pour qui cette perte est vraiment irréparable.

« Le temps amènera à la Délégation française et à notre Commission d'autres conseillers éclairés, la France trouvera toujours des serviteurs également doués, mais celle qui avait lié sa vie à la vie de l'homme dont nous pleurons aujourd'hui la perte, celle pour qui il était tout, la vie et le bonheur, celle que nous avons vue autrefois parmi nous, fière de l'homme aux côtés duquel elle marchait dans la vie, confiante dans son avenir, heureuse de vivre parce que vivre signifiait être avec lui, cette veuve désolée, Messieurs, n'aura point de réconfort. Notre douleur nous dit son angoisse. Inclinons-nous devant cette douleur sans pareille, et du plus profond de nos cœurs, prions Dieu pour que la grâce divine donne à ce cœur brisé la force de survivre à son malheur.

« Messieurs, recueillons-nous, je vous prie, quelques instants en suprême hommage à la mémoire de M. Jean Millot.

. . . .

« Messieurs, les paroles les plus belles, les plus chères, s'envolent avec le temps et ce ne sont que les faits qui persistent.

« Agissons maintenant et fixons d'une manière permanente le souvenir de notre Collègue, M. Jean Millot.

« Les circonstances complexes de la Commission, hélas, restreignent notre sphère d'action.

« C'est pour cela que je vous invite à considérer, avec toute notre bienveillance, l'idée que, dans le seul désir de

poser un mémento intime et permanent à la mémoire de
M. Millot, je vous propose...

« Je vous propose d'accepter comme date de signature
de notre Règlement de police de la navigation, à l'élaboration duquel M. Millot a pris une part si considérable,
la date du 6 novembre.

. . . .

« Votre silence, Messieurs, mieux que toutes paroles, me
dit votre acquiescement à ma proposition.

« Je vous remercie, Messieurs. »

LA NAVIGATION DU RHIN

Organe agréé par la Commission Centrale
pour la Navigation du Rhin

et publié avec le

Concours de l'Office National de la Navigation

COMITÉ DE RÉDACTION

MM. ANTOINE, Ingénieur des Ponts et Chaussées ;
DETŒUF, Ingénieur en Chef des Ponts et Chaussées ;
DE PEYRECAVE, Directeur Général de la
Navigation du Rhin ;
HAELLING, Directeur des Ports de Strasbourg et
HAUG, Secrétaire Général de la Chambre de Commerce ;
LE CORREC, Administrateur de la Société
Strasbourg ;
LUCIUS, Secrétaire de la Chambre de Commerce ;
MILLOT, Directeur de l'Office National de la Navigation ;
MONTIGNY, Ingénieur en Chef de la Navigation ;
NIBOYET, Professeur à la Faculté de Droit de

Rédacteur en Chef : J. DIETERLEN

STRASBOURG

EXPÉDITION ET RÉDACTION :
Téléphone N°   — Chèque postal

ABONNEMENTS : France et Colonies
Étranger

ANNONCES :
Téléphone N°   — Chèque

www.ingramcontent.com/pod-product-compliance
Lightning Source LLC
LaVergne TN
LVHW021906180726
843502LV00008B/2909